Tecniche sistemiche di interrogazione per un maggior successo sul lavoro

Come imparare l'arte di fare domande passo dopo passo e applicarla con successo come coach o manager - con esempi pratici.

Maximilian Seeberg

CONTENUTI

Cosa può aspettarsi da questo libro

Nella vita professionale, ci si trova costantemente di fronte a situazioni che presentano sfide o addirittura si trasformano in problemi seri. I team finiscono spesso per avere lunghe discussioni che alla fine non riescono a produrre una soluzione veramente soddisfacente. Per poter affrontare le difficoltà in modo efficiente, è quindi molto importante padroneggiare le capacità di dialogo adeguate. Si può ottenere molto con la giusta tecnica di interrogazione.

Le domande sistemiche sono una di queste tecniche di interrogazione. Offrono la possibilità di ottenere informazioni. Tuttavia, queste domande si concentrano su un cambiamento di prospettiva: cambiare il proprio punto di vista, mettere in discussione i propri modelli di pensiero e di comportamento e mettersi nei panni delle altre persone coinvolte. Tutte queste cose le permettono di scoprire nuove idee, approcci creativi alle soluzioni e un'ampia gamma di possibilità per superare i problemi. Le domande possono essere utilizzate in diversi ambiti professionali. Ad esempio, in un colloquio di lavoro, quando risolve i problemi dei clienti o in caso di disaccordo all'interno di un team.

In questo libro imparerà quando e come utilizzare quali domande e quali vantaggi apportano le singole domande. Tuttavia, il loro utilizzo richiede un po' di pratica. Per prepararla a questo, in seguito verranno presentati suggerimenti ed esempi pratici. Per comprendere a fondo il significato delle domande, imparerà prima a conoscere il background teorico delle domande e della comunicazione tra le persone in generale.

Cosa significa "interrogazione sistemica"?

Le domande sistemiche sono un termine generico per una forma speciale di domande, da tempo utilizzate in ambito terapeutico o nel coaching. Tuttavia, grazie al loro effetto, stanno diventando sempre più importanti anche nella vita quotidiana e sul lavoro. Una buona comunicazione è oggi una componente essenziale delle organizzazioni e delle aziende di successo. Ma cosa significa esattamente "buona"? Significa che la comunicazione è sostenibile ed efficace. I risultati di diverse ricerche dimostrano che la maggior parte delle decisioni sbagliate è dovuta a una mancanza di informazioni o a un'informazione errata, a un'elaborazione inadeguata delle informazioni o a incomprensioni all'interno della comunicazione[1] . Per contrastare tutto ciò, è necessario uno strumento di metodo adeguato. Uno di questi strumenti sono le domande sistemiche. Esse possono catturare meglio la complessità dei processi. Allo stesso tempo, riuniscono i punti di vista e le persone importanti per il processo di ricerca di una soluzione. Una risposta può quindi essere trovata insieme.

Al giorno d'oggi, i manager non devono e non possono più tenere sotto controllo tutti i dipendenti del reparto, sapere tutto e decidere tutto da soli. È molto più importante - e questo è ciò che dovrebbero fare - acquisire le competenze per porre le domande giuste, ascoltare i loro interlocutori e innescare processi di riflessione. In questo modo, possono incoraggiare i loro dipendenti a sviluppare nuove prospettive e a guardare i problemi da un'angolazione diversa. Questo è utile, ad esempio, durante le riunioni o quando un cliente si lamenta - in genere in situazioni che si trascinano a

---

[1] cfr. Scholer, S. (2017): Leadership nel settore pubblico. Baci: WEKA Media

lungo e per le quali sembra non esserci ancora una soluzione. Ecco alcuni esempi in cui le domande sistemiche possono essere utili:

- Un cliente sta causando problemi e la collaborazione è compromessa.
- L'acquisizione di nuovi clienti si sta rivelando più difficile del previsto.
- L'obiettivo è raccogliere il maggior numero di informazioni possibili su un candidato.
- La concorrenza è cresciuta notevolmente.
- Ci sono problemi interpersonali nel college.

Questo elenco potrebbe continuare all'infinito e dovrebbe servire come piccolo incentivo per lei. Riesce a pensare a situazioni simili che attualmente causano problemi a lei, ai suoi colleghi o all'azienda?

Senza le domande che verranno presto presentate, sarebbe difficile e lungo trovare informazioni sufficienti e soluzioni soddisfacenti o almeno approcci che soddisfino tutte le persone coinvolte. Le domande aiutano a cambiare la prospettiva, a pensare in modo diverso e, soprattutto, a pensare in modo nuovo. Come per ogni cosa che iniziamo di nuovo, l'inizio può essere difficile e non familiare. È una tecnica che richiede una certa pratica per evitare di ricadere nei vecchi schemi. Alla fine, però, ha un grande potenziale. Si consiglia di affrontare le domande e la loro applicazione passo dopo passo e di selezionare prima le domande più facili da usare. Queste sono, ad esempio, le domande circolari e orientate alla soluzione. Anche le domande a scalare possono essere utilizzate senza problemi. Queste domande sono anche un buon modo per iniziare una conversazione. Come suggerisce il nome, le domande miracolose e le domande paradossali possono lasciare un po' perplessi sia lei che il suo interlocutore, se non si è esercitato a usarle. Ma una volta acquisita la padronanza, possono aprire molte opportunità inaspettate. In ogni caso, è opportuno provare le domande in un contesto privato, fino a quando non si sentirà più sicuro. In questo modo sarà in grado di gestire in modo efficiente i clienti e i collaboratori, nonché i problemi e le sfide.

Fondamentalmente, questo richiede un cambiamento nella nostra comunicazione, perché non possiamo aspettarci un cambiamento senza cambiare anche noi stessi. Quindi faccia il primo passo! I suoi simili la ringrazieranno per questo. Come incentivo, le mostreremo alcuni possibili vantaggi delle domande sistemiche:

- I modelli procedurali nella comunicazione e nel comportamento vengono spezzati.
- Vengono alla luce soluzioni creative.
- Le risorse e il potenziale esistenti vengono scoperti e utilizzati.
- Le conversazioni girano meno in tondo e quindi consumano meno tempo ed energia.
- Il senso di appartenenza all'azienda si rafforza perché si accende la dinamica di gruppo, tutti i partecipanti sono parte del tutto e le soluzioni vengono cercate insieme.

Naturalmente, questo elenco non è esaustivo. Tuttavia, offre una buona visione di ciò che è possibile. Per comprendere le questioni sistemiche e la comunicazione associata, nonché per avere un'idea del 'sistema umano' con il suo modo di pensare e di agire, daremo ora uno sguardo al background teorico.

COMPRENDERE IL CONTESTO DELLE DOMANDE SISTEMATICHE

Per comprendere le idee di base del pensiero sistemico e quindi le domande sistemiche, è necessario prima spiegare alcuni concetti delle teorie di base. Il concetto di autopoiesi, il costruttivismo e la cibernetica di secondo ordine costituiscono la base. Forse ha già sentito parlare di uno o dell'altro di questi termini? Certo, sembrano astratti. Tuttavia, nascondono spiegazioni impressionanti che sono essenziali per comprendere il significato più profondo delle questioni sistemiche.

La parola 'autopoiesi' deriva dal greco ed è stata utilizzata per la prima volta nel campo della biologia. Questo concetto caratterizza i sistemi viventi da un lato come un processo e dall'altro come la capacità di mantenersi o rinnovarsi continuamente e unicamente dall'interno. L'autopoiesi può quindi essere tradotta come "auto-mantenimento". Un esempio è rappresentato dalle nostre cellule, che riproducono continuamente se stesse e i loro componenti. Inoltre, un sistema autopoietico è autonomo rispetto al suo ambiente, cioè autosufficiente ma non indipendente. Da un lato, ciò significa che decide da solo come interagire con l'ambiente. In questo modo, può distinguersi dal mondo esterno e formare la propria identità. Questo approccio si chiama unità organizzativa. Per quanto riguarda la cellula, essa si organizza e si struttura in modo indipendente, ma non può essere completamente indipendente dal suo ambiente. Assorbe dal suo ambiente le cose di cui ha bisogno per sopravvivere. Un esempio è l'assorbimento di energia sotto forma di cibo. Questo principio viene quindi definito "apertura energetica". Per trasferire questo principio al sistema 'umano', esamineremo prima altri modelli. In primo luogo, il costruttivismo.

Il costruttivismo è una teoria che si occupa della questione se una persona può riconoscere il mondo come è "realmente". L'idea di base di questa teoria è che ogni persona crea - o costruisce - la propria realtà individuale. Da qui il nome costruttivismo. Una persona osserva e percepisce l'ambiente circostante attraverso gli organi sensoriali. Ad esempio, ascolta un frammento di conversazione e vede le reazioni delle persone coinvolte. Questi stimoli vengono trasmessi al cervello e lì interpretati, in modo da formare un'immagine. Anche se hanno osservato la situazione solo per pochi secondi, pensano di sapere cosa è giusto e cosa è sbagliato qui, come si sentono le persone, cosa pensano, ecc. e quindi valutano la situazione.

Tuttavia, questa interpretazione è influenzata dagli atteggiamenti, dalle conoscenze e dalle esperienze che le persone hanno già dentro di sé. Il risultato è un'immagine soggettiva della realtà oggettiva. In questo caso, la realtà oggettiva è il corso effettivo della conversazione. Tuttavia, nessuno può dire come sia andata realmente la conversazione. Ognuno percepisce ciò che corrisponde ai propri modelli di esperienza precedenti. Ognuno interpreta le situazioni, le conversazioni e gli incontri in modo diverso. Quindi non possiamo mai sapere esattamente perché le cose sono come sono. Ogni opinione è sempre solo un'opinione tra le tante. Non è un fatto oggettivo, ma sempre solo una possibilità soggettiva. Questo è il modo in cui riduciamo la complessità, poiché non possiamo afferrare la 'realtà intera', è troppo varia per farlo. Nel corso del tempo e con ogni esperienza (simile), sviluppiamo routine, opinioni, idee e concetti che facilitano la vita quotidiana. Da un lato, queste routine e concetti forniscono un quadro di riferimento per l'orientamento e rendono le persone capaci di agire, in modo da non dover ripensare costantemente a come fare le cose. Dall'altro lato, questo può anche creare dei 'punti ciechi'. Passiamo la maggior parte del nostro tempo a occuparci di cose che sono importanti per noi, affrontando i compiti nel modo in cui li abbiamo sempre fatti, perché questo percorso si è dimostrato il più adatto per noi finora e ci ha portato al nostro obiettivo. Tutte queste cose di solito avvengono inconsciamente e sono automatiche. Sono routine e abitudini che abbiamo sempre fatto. Ma cosa sono questi "punti ciechi"?

Da un punto di vista medico, questi punti ciechi esistono davvero: sono punti del campo visivo in cui l'occhio non può vedere nulla. Il nervo ottico è fuso con la retina in queste aree. Pertanto, non ci sono fotorecettori in queste zone. Questi recettori ricevono gli stimoli luminosi e trasmettono le informazioni visive al sistema visivo per un'ulteriore elaborazione. L'assenza di recettori porta a una cecità localizzata, anche se non lascia un punto nero o simile nel nostro campo visivo. Vediamo normalmente, come se il punto cieco non esistesse. Questa informazione incompleta viene 'filtrata' dalle aree del cervello responsabili dell'elaborazione delle immagini, per cui non notiamo i punti ciechi nella vita quotidiana. La cecità parziale non viene quindi percepita. Né come qualcosa che c'è, né come qualcosa che manca. Il filosofo e fisico Heinz von Foerster lo descrive così: "Non vediamo che non vediamo". Ci sono alcuni siti web su Internet che offrono brevi animazioni per aiutarla a 'vedere' questo punto cieco. Provi lei stesso. È davvero emozionante!

Questa cecità parziale può anche essere trasferita come metafora ad altre aree della vita. Ad esempio, nell'ambito dell'osservazione e della comunicazione. Come ha appena appreso, nel senso del costruttivismo, ogni osservazione dipende dalle proprie esperienze. In questo modo, ognuno arriva alla propria osservazione soggettiva, che non rappresenta la realtà nella sua interezza o, a causa della sua complessità, non è in grado di catturarla affatto. Pertanto, un'osservazione non potrà mai essere oggettiva.

Ed è qui che entra in gioco la cibernetica di secondo ordine. La cibernetica generale è originariamente un campo di ricerca scientifica che indaga i meccanismi di regolazione e controllo dei sistemi biologici, tecnici o anche sociologici. L'attenzione si concentra sull'indagine e sulla questione di ciò che viene osservato.

Sulla base di questo, la cibernetica di 2° ordine descrive l'osservazione di questa indagine. La domanda qui non è cosa viene osservato, ma come. L'osservazione è vista dall'esterno. Questo può anche essere descritto come il meta-livello dell'osservazione. Lo scopo di questo meta-livello è individuare i punti ciechi descritti sopra e renderli visibili. Il problema non è tanto che non vediamo, è molto più grave che non vediamo ciò che non vediamo. Per dirla più semplicemente: che non riflettiamo sui nostri pensieri e sulle nostre azioni. Se non ci rendiamo conto che nella nostra testa c'è solo la nostra realtà, che si basa sulle nostre esperienze soggettive, e dimentichiamo che esistono anche altre realtà, esperienze e opinioni, non saremo mai in grado di capire i nostri simili e le loro motivazioni. Invece, se osserviamo e riflettiamo sui nostri pensieri e sulle nostre azioni, possiamo anche diventare consapevoli di altre realtà. La cibernetica di secondo ordine ci invita a impegnarci con le prospettive dei nostri simili e ci apre le loro realtà.

Come può integrare queste teorie nella sua vita quotidiana, in modo che le siano di utilità pratica? Pensi a come può conoscere i mondi e le motivazioni dei suoi simili in modo diretto. Esatto, parlando con loro. Comunicazione è la parola chiave qui. Di seguito vengono presentati i modelli di comunicazione di Watzlawick e Schulz von Thun.

Paul Watzlawick era un filosofo, psicoterapeuta e scienziato della comunicazione austriaco. Il suo modello contiene 5 cosiddetti assiomi, ossia regole universalmente valide. Probabilmente ha già sentito la prima regola fondamentale del modello. Essa recita: non si può non comunicare. Ciò significa che la comunicazione avviene in ogni situazione. La comunicazione non è possibile solo a livello verbale, ma anche non verbale attraverso il comportamento e il linguaggio del corpo.

Il secondo assioma afferma che ogni comunicazione ha un aspetto di contenuto e un aspetto di relazione. L'aspetto del contenuto si riferisce a tutte le informazioni che una persona, cioè il mittente, trasmette a un'altra persona, cioè il destinatario. Il modo in cui queste informazioni vengono poi comprese dal destinatario dipende, tra le altre cose, dalla relazione tra queste persone. I gesti, la mimica facciale o il tono di voce danno espressione alla relazione.

Il terzo assioma descrive che la comunicazione è sempre causa ed effetto allo stesso tempo. Come e cosa comunica il partner A ha quindi un effetto sul partner B. Quest'ultimo reagisce a ciò che viene detto, che a sua volta è la base della reazione di A. La comunicazione non ha quindi mai un punto di arrivo 'reale'. La comunicazione, quindi, non ha mai un punto di arrivo "reale". Anche se una conversazione termina, emozioni e pensieri simili vengono ripresi inconsciamente al prossimo incontro.

Il quarto assioma dice che la comunicazione umana è digitale e analogica. Per digitale si intende la parola parlata, con la quale le informazioni vengono trasmesse in modo chiaro. La comunicazione analogica implica la comunicazione non verbale. L'altra persona ha quindi spazio per l'interpretazione e può interpretare ciò che viene detto in modi diversi. Questo assioma si collega quindi al primo assioma.

L'ultimo assioma si riferisce al livello di comunicazione. Questo può essere simmetrico o complementare. La comunicazione è simmetrica quando i partner del dialogo sono all'altezza degli occhi. Mentre le somiglianze sono al centro dell'attenzione, nella comunicazione complementare sono le differenze ad essere importanti. Queste differenze esistono, ad esempio, nelle relazioni tra genitori e figli, tra superiori e dipendenti e tra insegnanti e alunni. Entrambe le parti possono utilizzare queste differenze per completarsi a vicenda, oppure una è dominata dall'altra e si subordina, il che spesso non offre alcun valore aggiunto a nessuna delle due parti. Questi assiomi riassumono alcune scoperte fondamentali sulla comunicazione interpersonale. In particolare, trattano l'aspetto della relazione.

Il modello a quattro facce sviluppato dallo psicologo della comunicazione Friedemann Schulz von Thun va oltre l'aspetto relazionale. Oltre all'aspetto relazionale, un messaggio trasmette un messaggio fattuale, una dichiarazione di sé e un appello. Diamo un'occhiata più da vicino ai quattro aspetti. Il messaggio fattuale di un messaggio è l'informazione relativa al contenuto che il mittente invia al destinatario. Allo stesso tempo, ogni frase dice qualcosa sul mittente, di solito inconsciamente. I gesti, le espressioni facciali e il tono di voce forniscono informazioni sulle emozioni, i valori e le esigenze del mittente. Questo permette al destinatario di percepire che nel messaggio c'è qualcosa di più del semplice contenuto. Ciò allude anche al livello di relazione. Mostra come il destinatario si relaziona con il mittente, cioè qual è il loro rapporto. Anche in questo caso, la postura, il tono di voce, le parole, ecc. giocano un ruolo importante. A seconda di ciò che il destinatario percepisce a questo livello, può sentirsi rispettato o condiscendente, apprezzato o attaccato, ad esempio. Ed è qui che può trovare spazio anche l'idea costruttivista di prima. Anche la nostra visione del mondo, ossia come vediamo il mondo e che cos'è la 'realtà' per noi, determina il modo in cui un messaggio viene ricevuto e come lo interpretiamo.

Continuiamo con il quarto livello, l'appello. Con la sua dichiarazione, il mittente vuole anche chiedere al destinatario di fare o astenersi dal fare qualcosa. L'appello può essere formulato apertamente come una richiesta o un desiderio, ad esempio, oppure può essere inserito tra le righe e quindi non essere evidente o addirittura manipolativo.

Ogni conversazione contiene questi quattro lati, sia quando si parla che quando si ascolta. Il livello fattuale è solitamente il più semplice, a condizione che il mittente e il destinatario abbiano una conoscenza comparabile dell'argomento in questione. I fraintendimenti possono verificarsi se uno dei lati viene ponderato in modo diverso dai partner del dialogo, cioè se a ciascuno di essi viene attribuito un significato diverso. Ad esempio, l'intenzione principale del mittente è quella di fare un appello al destinatario. Tuttavia, poiché il destinatario sente principalmente con l'"orecchio della relazione", a causa della sua personalità, delle sue esperienze o della sua giornata piuttosto mediocre fino a quel momento, si sente attaccato, anche se questa non era affatto l'intenzione del mittente. Ci sono molte ragioni per cui una persona sente più con un orecchio e meno con l'altro. Queste possono essere dovute alla socializzazione, all'educazione, all'esperienza o al background. Anche l'immagine che il destinatario ha di sé e del mittente gioca un ruolo importante. Se il destinatario ha una bassa autostima, l'orecchio della relazione diventa rapidamente centrale e interpreta i messaggi innocui come umilianti per se stesso. Anche l'immagine che abbiamo della nostra controparte, che sia un collega amichevole o egoista, influenza l'interpretazione delle affermazioni.

COSA PUÒ TRARRE DA QUESTO?

Per riassumere questi costrutti teorici, si possono riassumere come segue: Il **concetto di autopoiesi** ci ha insegnato che un sistema agisce in modo autonomo, ma non completamente indipendente dal suo ambiente. Anche gli esseri umani possono essere intesi come un sistema di questo tipo. Secondo questo concetto, ognuno decide da solo con chi entrare in contatto, cosa pensare e come agire. Tuttavia, in quanto esseri sociali, le persone non possono essere completamente indipendenti dal loro ambiente. Tuttavia, secondo il **pensiero costruttivista,** ognuno ha la propria realtà, che è caratterizzata da esperienze soggettive. La nostra realtà non può quindi mai riflettere le situazioni come sono realmente. Spesso siamo parzialmente o talvolta completamente ciechi di fronte ad altre opinioni e idee. Pertanto, è ancora più importante diventare consapevoli di questa visione parziale. Nel senso della **cibernetica di secondo ordine,** possiamo osservare i nostri pensieri e le nostre azioni, parlarne, riflettere e cambiarli di conseguenza. L'elemento centrale è la comunicazione. Secondo i **5 assiomi**, la comunicazione comprende sia il linguaggio che il comportamento. Inoltre, la comunicazione è sempre circolare, quindi non finisce mai ed è sia causa che effetto. Inoltre, i **quattro lati della comunicazione** descrivono che una dichiarazione trasmette più di una pura informazione. Ciò che dico e, soprattutto, come lo dico, mostra come mi sento nei confronti della persona con cui sto parlando, cosa voglio da lei e, in definitiva, dice qualcosa su di me e sulla mia personalità.

Quindi, iniziamo a concentrare la nostra attenzione su noi stessi, sui nostri filtri. Perché diciamo qualcosa nel modo in cui lo diciamo? Perché prendiamo quello che diciamo nel modo in cui lo prendiamo? I messaggi quotidiani possono essere percepiti e interpretati in modo diverso da ogni persona. Pertanto, contengono un grande potenziale, sia per una cooperazione positiva e costruttiva, sia per incomprensioni o addirittura conflitti. Se osserviamo come ci osserviamo e parliamo di come ci parliamo, possiamo sviluppare una consapevolezza di questi aspetti e quindi anche dei nostri simili. Noteremo le differenze nel modo in cui guardiamo le cose e ci renderemo conto di quali argomenti possiamo introdurre nella nostra comunicazione dalla nostra biografia - di solito inconsciamente.

Le domande sistemiche sono un modo per raggiungere questo meta-livello di osservazione e comunicazione. Aprono nuove prospettive. Possiamo immergerci nella realtà degli altri e cercare di capire meglio i loro pensieri e le loro azioni. Questo è auspicabile sia nella vita privata che in quella professionale. Per contrastare i problemi interpersonali e le difficoltà imprenditoriali, è importante non vedere più la nostra realtà in modo isolato, ma collocare l'intera realtà - compresa quella dei nostri simili - in un contesto dinamico.

Pensare in modo sistemico significa quindi sapere che le percezioni di tutti gli interlocutori sono sempre soggettive e che questa soggettività si riflette anche nel loro linguaggio e comportamento. Per comprendere il linguaggio e il comportamento di un individuo, dobbiamo essere consapevoli che ognuno è in costante interazione con gli altri attori coinvolti. Ci troviamo quindi in un sistema molto complesso di realtà diverse. Allo stesso tempo, però, questo spiega anche che non ci possono essere spiegazioni monocausali e quindi non ci sono soluzioni semplici ai conflitti e alle difficoltà. Pertanto, tutti gli attori coinvolti devono partecipare alla ricerca di una soluzione, ma secondo l'autopoiesi, non possiamo cambiare gli altri nel modo migliore per noi o che vorremmo.

Come promemoria: un sistema autopoietico non è completamente indipendente dal suo ambiente e deve interagire con esso, ad esempio sotto forma di assunzione di cibo. Tuttavia, è talmente autonomo che, in questo caso l'essere umano, decide da solo come si comporterà o meno. Di conseguenza, i cambiamenti negli altri sono possibili principalmente attraverso gli 'stimoli'. Questi possono essere ottenuti, ad esempio, sotto forma di domande sistemiche e del relativo cambio di prospettiva. In definitiva, però, la decisione di cambiare il comportamento spetta a ciascun individuo. La motivazione a farlo deve provenire dalla propria volontà, se si vuole che sia sostenuta a lungo termine. Si

parla di motivazione intrinseca. Le domande sistemiche devono quindi essere poste da una metaprospettiva. Ciò significa osservare il mio comportamento, la
mia comunicazione e quella dei miei colleghi da questa
stessa prospettiva e riflettere insieme a loro.

Le varianti delle domande sistemiche

Questo capitolo la introduce alle domande sistemiche. Vengono descritte le domande e i loro rispettivi vantaggi. Questo le permetterà di capire quando può utilizzare al meglio quali domande. Per ogni domanda vengono forniti anche degli esempi. Tenga presente il background teorico appena spiegato. Potrà comprendere meglio le domande e la loro formulazione se ha in mente queste teorie. Può anche creare le sue domande per le singole categorie che meglio si adattano alla sua situazione. Ma non si preoccupi, può sempre tornare indietro e ricordarsi del background teorico, se ne ha bisogno. Iniziamo quindi con la prima domanda sistemica.

DOMANDE CIRCOLARI

Il problema descritto sopra risiede fondamentalmente nel fatto che vediamo sempre una situazione dalla stessa prospettiva e con la nostra comprensione del mondo o della realtà e quindi ci comportiamo sempre allo stesso modo. Le domande circolari ampliano la prospettiva dell'intervistato, includendo le realtà spesso descritte da terzi. Il comportamento delle persone non è determinato da ciò che gli altri pensano realmente di loro, ma da ciò che pensano si pensi di loro. Ed è proprio questa prospettiva di terzi che è al centro delle domande circolari. Ecco perché sono al centro delle domande sistemiche. Chiedono le possibili valutazioni delle persone che 'circolano' nell'ambiente dell'intervistato. Queste possono essere, ad esempio, il manager di linea, i colleghi o i subordinati dell'intervistato, così come le persone del suo ambiente privato, come il partner o gli amici. Mettersi nei panni degli altri permette di considerare e riflettere sul loro punto di vista. Pensando "dietro l'angolo", dimostra empatia e comprensione per la realtà delle altre persone. Questo può portare a nuovi approcci e idee.

Questo è possibile sia in una conversazione con un solo interlocutore, sia in presenza della persona di cui si sta prendendo la prospettiva. Questa persona può quindi fornire un feedback diretto. Spesso è solo allora che diventa chiaro perché alcune situazioni e affermazioni sono molto personalizzate, feriscono l'altra persona e sono quindi generalmente poco utili. Essere consapevoli di questi aspetti è parte della base di un'atmosfera di lavoro fiduciosa e positiva. Per aiutarla a visualizzare le domande circolari, ecco alcuni esempi. Può fare una domanda di questo tipo:

- Si metta nei panni del suo collega X. Come si comporterebbe in questa situazione? Come si sentirebbe?
- Provi a immaginare un osservatore di questa situazione. Cosa osserverebbe e cosa direbbe al riguardo?
- Se chiedessi ai suoi dipendenti cosa li motiva, cosa mi risponderebbero?

- Cosa direbbe il suo partner commerciale se lei proponesse un cambiamento con queste conseguenze?
- Se chiede ai suoi colleghi quale atmosfera regna nel team, come la descriverebbero e cosa vorrebbero cambiare?

Come illustrano queste domande, le domande circolari possono essere utilizzate come strumento di analisi e di intervento. Da un lato, può ottenere informazioni, ad esempio sull'atmosfera all'interno del team. Dall'altro, gli intervistati forniscono anche suggerimenti per il miglioramento, che lei può utilizzare per avviare misure di cambiamento adeguate.

Se un intervistato non è in grado di dare una risposta a una domanda, come ad esempio cosa pensa la persona X di una certa situazione, anche questa risposta le fornirà informazioni importanti. Dimostra che non si è pensato o non si è pensato a sufficienza al punto di vista di altre persone. Se lo nota di frequente, può chiedersi se il suo team si sente davvero un team o se ognuno va per la sua strada senza prestare molta attenzione agli altri. È qui che possono essere utili le misure di team building. Le domande circolari offrono anche altri vantaggi. Per esempio

- L'intervistato riflette su se stesso e sulle sue relazioni da una metaprospettiva.

- Mettendosi nei panni degli altri, può adottare prospettive e punti di vista diversi.

- Potrebbero venire alla luce questioni personalmente sensibili che dovrebbero essere gestite con attenzione in futuro.

- Inoltre, vengono abbattuti gli schemi di pensiero radicati e vengono introdotti nuovi modi di vedere le cose, il che rende visibili e visibili nuovi approcci alle soluzioni.

- si possono riconoscere le dinamiche all'interno di un gruppo o tra colleghi.

Alla fine delle domande circolari, è importante sapere che sia fare che rispondere a queste domande è spesso poco familiare. L'applicazione richiede cautela e pratica da entrambe le parti. Inoltre, le domande circolari non devono essere poste continuamente. Spesso risultano artificiose. Dia tempo a se stesso e ai suoi interlocutori! Alla fine, i processi che prevalgono in un gruppo possono essere esplorati e scoperti. Questi nuovi modelli di pensiero emergenti costituiscono la base per il cambiamento.

DOMANDE ORIENTATE ALLA SOLUZIONE E ALLE RISORSE

Quando sorgono problemi importanti, le persone spesso si concentrano inconsciamente esclusivamente su di essi. Il pensiero è prevalentemente negativo. Più grande è il problema, più negativo è l'atteggiamento delle persone coinvolte. Naturalmente, è importante diagnosticare i problemi per essere consapevoli della loro esistenza. Tuttavia, un approccio puramente orientato al deficit non fa che perpetuare il problema. Uscire da questo ciclo è difficile. Una possibilità è offerta dalle domande orientate alla soluzione o alle risorse, che, come suggerisce il nome, si concentrano sulle soluzioni e guardano alle risorse che esistono all'interno del team e che possono essere utilizzate per superare il problema. Queste domande influenzano le discussioni in modo positivo. Ad esempio, esaminano quali strategie e opzioni sono già state utilizzate e quali non sono ancora state scoperte e possono ancora essere sperimentate. L'organizzazione complessivamente più positiva delle discussioni consente anche un'atmosfera di lavoro più piacevole, in cui è più facile per le persone coinvolte trovare soluzioni. È proprio questo che impedisce un approccio incentrato sui problemi. A titolo di esempio, può porre le seguenti domande:

- Quali situazioni abbiamo già padroneggiato che erano altrettanto difficili?
- Come è stato risolto questo problema in passato?
- Quale approccio si è dimostrato particolarmente efficace?
- Di cosa abbiamo bisogno per garantire che tutto fili liscio?
- Di quali competenze abbiamo bisogno per la soluzione? E chi ha queste competenze?
- Quali altri fattori sono importanti per il successo?

Queste domande la aiuteranno a concentrarsi sul positivo. I pensieri troppo negativi ci bloccano nelle nostre azioni. Tutto ciò che pensiamo si esprime anche nelle nostre azioni, che a loro volta influenzano il nostro pensiero. Queste domande hanno l'effetto esattamente opposto. Creano un contesto positivo in cui il problema può essere affrontato in modo orientato alla soluzione.

Ulteriori vantaggi di questo tipo di domande sono

- I ricordi di come le precedenti difficoltà sono state risolte con successo.

- Questo rafforza la consapevolezza che le soluzioni sono possibili e che il team ha già superato con successo le fasi difficili.

- Il focus è sulle opportunità e sulle risorse disponibili.

- I pensieri negativi rimangono sullo sfondo.

- Oltre a lunghe discussioni sul problema. In definitiva, questo ci porta più rapidamente a una soluzione.

Le domande possono generare idee insolite. Ogni abilità è importante e necessaria. Questo rafforza anche lo spirito di squadra. L'atmosfera positiva in cui tutti sono necessari è l'opposto del ciclo di pensiero negativo. Si tratta di scoprire possibilità, talenti, persone e situazioni che possono contribuire a risolvere il problema.

DOMANDE IPOTETICHE

"E se"? Le domande ipotetiche possono essere riassunte in questo modo. Sono domande rivolte al futuro. Offrono l'opportunità di giocare con nuove prospettive e soluzioni nella sua mente. L'obiettivo non è trovare una soluzione diretta a un problema specifico, ma piuttosto sperimentare e valutare modi e desideri. La risposta a questa domanda descrive situazioni teoricamente possibili e le loro possibili soluzioni o stati desiderabili. Non ci sono limiti alla creatività in questo caso. Sono ammesse tutte le idee che gli intervistati hanno in mente. È importante chiarire in anticipo che tutto ciò che i partecipanti vogliono dire è benvenuto. Nessuna idea sarà condannata o ridicolizzata.

A volte sono le idee insolite, a cui nessuno aveva osato pensare prima, a racchiudere il potenziale più grande. Spesso è solo allora che diventa chiaro se questo percorso può essere effettivamente realizzato e ha senso - in altre parole, se può condurre all'obiettivo o se è più probabile che venga scartato. Ma anche in quest'ultimo caso, si possono ricavare altre soluzioni. Questo permette di riflettere su quali cambiamenti sono invece possibili. Questo pensiero ipotetico porta a nuove intuizioni che altrimenti non sarebbero state considerate affatto. Gli approcci creativi sono importanti anche nella vita professionale in generale. Il pensiero creativo non deve necessariamente coinvolgere un problema. Se si ha il coraggio di abbandonare i percorsi familiari e di pensare fuori dagli schemi, si vedrà quale potenziale si apre. È importante ignorare i pensieri e i fattori limitanti e impegnarsi completamente nell'esperimento di pensiero ipotetico. Esempi di domande di questo tipo sono

- Cosa farebbe se il tempo non fosse un problema?
- Come sarebbe il suo percorso se non avesse paura di fallire?
- E se potesse decidere da solo?
- Com'è il lavoro dei suoi sogni e cosa sarebbe importante per lei?
- Cosa significherebbe per lei se il denaro non fosse un fattore limitante?

Può rendersi conto che queste domande sono più che altro un gioco teorico e non possono essere implementate direttamente nella realtà, ma offrono alcuni vantaggi:

- Incoraggiano il pensiero creativo e promuovono questa capacità.

- Dalle risposte si possono ricavare i passi successivi. Si generano nuovi impulsi e prospettive.

- Vengono incluse idee che altrimenti non sarebbero state discusse affatto.

- Mostrano le possibili vie d'uscita dai vicoli ciechi e verso una soluzione al problema e

- Forniscono informazioni sulle paure e sulle speranze degli intervistati.

In sintesi, le domande ipotetiche servono per esaminare e valutare gli scenari nella sua mente, per analizzare e confrontare le idee. Questo può essere utilizzato per valutare se e come possono essere attuate.

DOMANDE MERAVIGLIOSE

Le domande miracolose sono una forma speciale delle domande ipotetiche appena presentate. Anche queste portano a nuovi scenari di soluzione. Tuttavia, in una forma estrema. Per questo motivo sono assegnate alla propria categoria. Inoltre, la domanda si concentra sulla situazione in cui un determinato obiettivo è già stato raggiunto. Aiuta a superare i confini del pensiero e a visualizzare nuove strategie. In ogni caso, è più vantaggioso concentrarsi su desideri, obiettivi e soluzioni che su difficoltà, problemi e ostacoli. Ecco perché l'uso di domande miracolose può essere particolarmente utile in situazioni confuse e apparentemente senza speranza. Ecco alcuni esempi:

- Immagini che il problema sia stato risolto durante la notte. Come lo riconoscerebbe il giorno dopo?
- Cosa cambierebbe allora nella sua vita?
- Come le sembra un mondo perfetto?
- Come si sentirebbe se il suo sogno si realizzasse improvvisamente?

Come può vedere, queste domande riguardano la visualizzazione del miglior stato possibile. Oltre a nuove idee, può anche riscoprire la sua motivazione e sviluppare pensieri ed emozioni positive. Ulteriori vantaggi sono

- L'attenzione si sposta dal problema alle soluzioni e agli approcci.
- Questi possono essere il punto di partenza per la soluzione 'effettiva'.
- Inoltre, le risposte non sono limitate da nulla. Questo permette di pensare in modo molto creativo, con risultati altrettanto fantasiosi.

Le domande meraviglia sono quindi piuttosto astratte, il che significa che devono essere sempre utilizzate in modo controllato. Per padronanza si intende un utilizzo sia pratico che parsimonioso, perché non solo le domande possono sorprendere, ma anche le risposte possono portare prospettive nuove e interessanti. Allo stesso tempo, possono suscitare emozioni nell'intervistato. Deve essere preparato a questo, ecco perché è importante annunciare queste domande in anticipo.

DOMANDE SULLA GIUSTIFICAZIONE

Spesso ci limitiamo a svolgere i compiti che ci vengono assegnati al lavoro senza interrogarci sul loro esatto significato e scopo, e questo è proprio l'obiettivo delle domande di giustificazione. Queste domande hanno lo scopo di far riflettere la persona a cui si rivolge sulle sue azioni e, allo stesso tempo, di giustificarle. Si possono quindi rivelare le motivazioni e i pensieri che stanno dietro al motivo per cui un compito è stato svolto nello stesso modo e non in modo diverso. Le domande possono anche essere utilizzate per verificare fatti presunti o chiarire prospettive precedentemente limitate su una questione. Un approccio unidimensionale può quindi essere analizzato e quindi scartato o ampliato. Alcune domande esemplificative sono le seguenti:

- Perché vuole risolvere il problema nello stesso modo?

- Perché è così convinto del suo approccio?

- Può spiegare il suo piano in modo più dettagliato?

- Su quali esperienze sta basando la sua decisione?
- Come contrasta le obiezioni dei suoi colleghi?
- Come è arrivato a questa conclusione?

Queste domande non hanno lo scopo di mettere in cattiva luce l'intervistato o di mettere in dubbio le sue capacità e i suoi risultati fino ad oggi - al contrario. Come per altre domande sistemiche, l'obiettivo principale è quello di fare i conti con la propria realtà e il conseguente modo di pensare, agire e lavorare. Al contrario, ciò significa mettersi nei panni degli altri e spiegare loro perché ha scelto questo percorso ed è così convinto del suo approccio. In questo modo, l'intervistatore può conoscere meglio il modo di pensare dell'intervistato. Ulteriori vantaggi sono

- I partecipanti e il team acquisiscono una migliore comprensione di alcuni approcci.
- Vengono anche ricercate e spiegate le ragioni di questi approcci.
- Le visioni monodimensionali possono essere riconosciute in questo modo
- e qualsiasi schema radicato viene esaminato e spezzato.

In definitiva, questo incoraggia l'intervistato a riflettere attentamente sul proprio approccio. E forse questa è una cosa positiva. Tuttavia, può certamente essere ancora ottimizzato, il che dovrebbe essere nell'interesse di tutte le persone coinvolte.

Scelga sempre queste domande con attenzione. Come sappiamo, non possiamo mai dire con certezza come l'altra persona reagirà alla domanda e se potrebbe sentirsi attaccata. È quindi importante chiarire l'obiettivo di queste domande. Ad esempio, potrebbe voler ottimizzare alcuni processi lavorativi. Un approccio empatico è quindi la priorità assoluta quando si fanno domande sistemiche e quando si conducono conversazioni in generale. Dopo tutto, nessuno deve sentirsi offeso.

DOMANDE A SCALARE

Questo tipo di domande serve come valutazione iniziale dei problemi. Forniscono una panoramica della situazione e possono ridurne la complessità. L'uso di queste domande è quindi particolarmente utile quando un problema è particolarmente complesso e le sue sfaccettature sembrano quasi impossibili da affrontare. Inoltre, mettono in discussione le generalizzazioni ed evidenziano le differenze in relazione a un problema specifico. Ad esempio, l'umore in un team può essere generalmente percepito come scarso.

Tuttavia, quando applicano la domanda di scala, ricevono risposte diverse. Alcuni danno le risposte "1" o "2" e quindi valutano l'umore come molto negativo. Tuttavia, molti danno anche un "5" o un "6", che corrisponde a un valore medio. Questo illustra le differenze e quindi anche le opinioni diverse e soprattutto soggettive. Questo esempio dimostra ancora una volta la funzione di analisi e di intervento delle domande sistemiche. Qui si analizzano le informazioni, che fanno una differenza significativa con 1 a 6. Allo stesso tempo, la domanda innesca anche un processo di riflessione. Gli intervistati si rendono conto che l'umore è per lo più buono, dopotutto. Tuttavia, c'è un margine di miglioramento e, soprattutto, i valori più bassi devono essere analizzati.

Come esempi di domande a scala, si può elencare innanzitutto la variante classica. Si tratta di assegnare un valore su una scala da 1 a 10. 1 corrisponde al più debole e 10 al più forte.

Oltre a questa scala numerica, esiste anche una scala percentuale. Qui la domanda può essere: "In quale percentuale è soddisfatto del risultato?". Oppure: "Rispetto alle difficoltà già risolte - in quale punto della scala classifica il problema attuale?". Un'estensione può essere la formazione di un ordine. Ad esempio: "Secondo lei, quali sono i tre risultati più importanti del workshop?". Altre domande sulla scala potrebbero essere: "Come è riuscito a passare da un 6 a un 8?" o "Perché pensa che la soddisfazione sia scesa da un 9 a un 7?".

Le domande a scalare offrono una facile introduzione a un argomento e alla sua ulteriore elaborazione. Altri vantaggi sono

- Da un lato, incoraggia l'auto-osservazione,
- D'altra parte, i cambiamenti positivi e negativi sono rapidamente riconoscibili e
- Possono essere utilizzati in qualsiasi situazione e non richiedono molta pratica.

Nelle situazioni in cui le cose sono difficili da oggettivare, come la soddisfazione, la percezione o la motivazione, queste possono essere rese "misurabili" utilizzando domande a scalare. Inoltre, l'intervistato deve solo indicare un numero senza doverlo definire in modo più preciso. Nel complesso, le domande a scalare rendono più tangibili gli elementi oggetto dell'indagine.

DOMANDE PARADOSSALI

Lo scopo di queste domande è quello di capovolgere la domanda. A volte la formulazione è molto sottile. Questo è intenzionale. Tuttavia, è importante annunciarlo all'inizio dell'intervista. Le spiegazioni sono utili per non confondere e sopraffare l'interlocutore. La trasparenza consente una maggiore comprensione. È importante che l'altra persona possa essere coinvolta nella situazione e che di conseguenza si senta al sicuro. Solo allora è possibile affrontare gli estremi negativi nei pensieri.

Per queste domande è necessaria anche la creatività. Innanzitutto, non si tratta di risolvere un problema, ma piuttosto di capire cosa dovrebbe accadere per rendere il problema ancora più grande e grave. Paradossale, vero? Per illustrarlo, ecco alcuni esempi di domande:

- Secondo lei, qual è la causa del fallimento del progetto?

- Cosa eliminerebbe completamente la sua motivazione a lavorare?

- Come si può peggiorare il problema?

- Che cosa dovrebbe accadere perché lei non riesca ad avere rapporti con i suoi colleghi?

- Come si fa ad allontanare completamente il nuovo cliente?

Come può vedere, queste domande drammatizzano un problema esistente. Tuttavia, questo può metterlo in prospettiva e alleviare almeno in parte la situazione. Allo stesso tempo, però, mostrano anche ciò che non dovrebbe accadere in nessun caso, per non aggravare ulteriormente la situazione.

Ulteriori vantaggi offerti da queste domande sono

- Possono essere particolarmente utili nelle situazioni di stallo.

- Durante la conversazione, potrebbe anche rendersi conto che il problema non è così grave come pensava all'inizio.

- Una domanda sconcertante può produrre una risposta sorprendentemente semplice.

Senza dubbio, queste domande sono caratterizzate da un approccio completamente diverso rispetto alle domande precedenti. Ma in alcuni momenti è necessario proprio questo: vedere cosa non funzionerà in ogni caso. Ribaltare la situazione può aiutarla ad avvicinarsi un po' di più alla soluzione. Non fa mai male guardare i problemi da tutti i lati e cercare di risolverli. Ma questo tipo di domanda è anche più difficile delle altre e richiede sicuramente una certa pratica.

Quando si tratta di questioni sistemiche, è importante essere trasparenti nelle discussioni. Chiarisca al suo interlocutore che state entrambi tirando nella stessa direzione e che siete interessati a trovare una soluzione comune al problema o a migliorare la situazione. A volte sono necessari passi insoliti per questo, ma possono produrre soluzioni ancora più efficaci. A breve seguiranno altre informazioni su come affrontare le questioni sistemiche nel suo lavoro quotidiano. Prima di ciò, nell'interesse della completezza, verranno aggiunti brevemente alcuni altri tipi di domande. Tuttavia, questi non saranno trattati in modo così dettagliato.

ALTRI TIPI DI DOMANDE

Altre due domande che possono essere classificate come domande sistemiche sono le domande sulle immagini o sulle metafore e le domande sulle eccezioni.

Le domande sulle immagini e sulle metafore fanno appello all'immaginazione e alle emozioni. Un esempio è: "Supponiamo che venga girato un film su di lei - qual è il titolo? Chi fa parte del film? Come sono distribuiti i ruoli? Cosa verrà mostrato? E come sarà il finale?". Da un lato, rispondere a queste domande è impegnativo e richiede un po' più di tempo, ma dall'altro sono anche divertenti. Possono anche rivelare desideri più profondi della persona che risponde. Non è richiesta solo l'immaginazione. Non ci sono limiti alla creatività dell'intervistato nella scelta e nella formulazione delle domande. Ne possono scaturire idee che possono far progredire il dipendente interrogato o un intero reparto.

Ora analizziamo le domande sulle eccezioni. Alcune persone tendono a percepire e descrivere le difficoltà come una variabile costante. Di conseguenza, pensano e agiscono sul loro problema nello stesso modo, di solito in modo negativo. Questo si traduce in una spirale negativa. Il problema diventa fisso e irrisolvibile, proprio come le azioni della persona. Tuttavia, come dice il proverbio, le eccezioni dimostrano la regola. Ed è qui che entrano in gioco le domande. Ad esempio, questa potrebbe essere: "Ci sono giorni in cui il dipendente arriva al lavoro in orario?". La risposta potrebbe indicare che il motivo del ritardo è dovuto ad altre persone, situazioni o altre circostanze. Ad esempio, il dipendente X potrebbe essere un genitore single che si è trasferito in una nuova città e deve portare il figlio all'asilo nido al mattino, che apre solo poco prima dell'inizio del lavoro. Il dipendente non vuole apparire disorganizzato perché è stato assunto da poco e non osa affrontare la situazione di propria iniziativa. A questo punto si può avviare una discussione per trovare una soluzione al problema. Dovrebbe mettere in discussione le generalizzazioni come "sempre" o "mai" con delle eccezioni. Ad esempio con:

- "Davvero sempre?" o
- "Davvero mai"?
- "Ci sono delle eccezioni?"
- "Quando sono disponibili?" e
- "Qual è il motivo delle eccezioni?".

Questo permette di risolvere rapidamente molti problemi.

Alla fine di questo capitolo, vengono menzionate le domande chiuse e aperte. Non fanno direttamente parte delle domande sistemiche, ma sono comunque descritte per completare l'area.

Queste domande spesso servono solo per ottenere informazioni. Alle domande chiuse si può rispondere con un "sì" o un "no". Ad esempio: "Ha negoziato il contratto con il cliente X?". Le domande chiuse dovrebbero essere utilizzate raramente in un colloquio, perché mettono l'intervistato sotto pressione. Può nascere la sensazione di essere "interrogato", soprattutto se molte di queste domande vengono poste in successione. Questo crea un atteggiamento negativo nella conversazione. Le utilizzi piuttosto per prendere decisioni mirate o se vuole assicurarsi di aver compreso correttamente il suo intervistato nel senso dell'ascolto attivo.

Se è interessato principalmente ad acquisire informazioni, a questo punto sono preferibili le domande aperte. Inizi con le parole di domanda "W". In altre parole, chi, cosa, dove, come, quando, perché, perché,

perché e così via. Ciò consente un dialogo più aperto e incoraggia l'intervistato a fornire maggiori dettagli. In questo modo si ottiene una maggiore varietà di informazioni.

Tenga presente che le ultime due domande hanno come obiettivo principale la raccolta di informazioni. Questo è ovviamente necessario sotto molti aspetti. Tuttavia, non deve dare all'intervistato la sensazione di essere "interrogato". Dovrebbe quindi esercitarsi a utilizzare le domande sistemiche presentate. Ora può scoprire di quali conoscenze ha ancora bisogno per utilizzarle con abilità e sicurezza.

L'applicazione delle domande

Ora sa che queste domande esistono. Abbiamo anche descritto in dettaglio come può formularle e quali vantaggi portano. Inoltre, è necessaria una certa sensibilità per capire quando le domande hanno senso. Ad esempio, se ha bisogno di risultati in breve tempo o se una discussione si trascina a lungo senza risultati, sono adatte le domande orientate alla soluzione e quelle a scalare. Queste ultime forniscono una panoramica della gravità o dell'urgenza di un problema, a cui si può rispondere con ulteriori domande, come quelle orientate alla soluzione. Esse si concentrano sulle risorse e sui punti di forza esistenti a cui lei può attingere.

Se ha un po' più di tempo a disposizione o se sta pianificando un nuovo progetto, le domande ipotetiche e le domande a sorpresa sono spesso perspicaci. Portano a idee creative e a nuovi approcci che prima non erano considerati realizzabili. Anche perché spesso non ci si pensava nemmeno.

In caso di situazione di stallo, può utilizzare domande probanti, paradossali e circolari. Si tratta di riflettere sulle proprie azioni e di cercare le fonti di errore o le opportunità di miglioramento. Le domande paradossali possono confondere all'inizio, ma possono rivelare opzioni sorprendenti. Le domande circolari offrono l'opportunità di adottare una prospettiva diversa. Guardare da una direzione diversa può portare a nuovi impulsi e soluzioni.

Tuttavia, le domande paradossali, ipotetiche e miracolose spesso ottengono poco o nulla in un breve lasso di tempo. È quindi importante sapere quanto tempo ha a disposizione. Questo le permette di selezionare le tecniche di interrogazione più appropriate.

Oltre al tempo disponibile, è utile anche un certo livello di fiducia. Più è forte, più i suoi partner di dialogo possono impegnarsi in modo intenso e serio nella situazione e nelle domande. In ultima analisi, questo va a vantaggio di un dialogo costruttivo.

La fiducia diventa ancora più importante con l'aumentare della complessità delle domande. Una domanda chiusa con risposta sì o no o una domanda a scalare non richiede tanta fiducia quanto una domanda miracolosa, ad esempio, che può toccare emozioni e desideri più profondi. Dovrebbe riconoscere la fiducia riposta in lei con apprezzamento e formularla come tale. Un atteggiamento aperto, non giudicante ed empatico da parte sua è quindi la base di tali conversazioni. In generale, i suoi dipendenti troveranno più facilmente la strada per arrivare a lei e non avranno paura di chiederle consigli, anche in caso di problemi.

Inoltre, non sempre ha senso condurre o addirittura forzare un colloquio così intenso in ogni situazione, poiché anche l'umore del dipendente o del collega e gli altri compiti da portare a termine giocano un ruolo importante. Poiché all'intervistato sono richieste molta creatività e spontaneità di pensiero, nonché un'apertura e una fiducia generali, è comprensibile che non sempre sia il momento giusto per una conversazione di questo tipo. Pertanto, è necessario anche avere un buon senso del tempo.

Inoltre, non è sempre necessario avere un dialogo diretto. Può anche essere (!) sufficiente che lei invii (inizialmente) le sue domande ai suoi colleghi per iscritto. Da un lato, questo può servire come preparazione alla conversazione e, dall'altro, una formulazione scritta spesso offre una discussione più intensa dell'argomento. Naturalmente, questo deve essere sempre considerato su base individuale e deve essere presentato a lei solo come un'altra idea. Una registrazione scritta della conversazione può essere utilizzata anche per il follow-up e quindi per la riflessione. Scrivere i contenuti importanti della conversazione crea immagini che, da un lato, promuovono il dialogo interiore con se stessi, che può anche dare origine a nuove idee, e dall'altro, queste immagini sono meglio ancorate nella sua coscienza. Ulteriori suggerimenti sono ora presentati in forma breve.

Prestare attenzione ai segnali vocali

Durante una conversazione, presti attenzione a segnali come il volume e il linguaggio del corpo, il tono di voce, il contatto visivo, ecc. Questi forniscono indizi importanti - ad esempio, se l'altra persona si sente a suo agio o meno. Questi forniscono indizi importanti - ad esempio, se l'altra persona si sente a suo agio o meno.

La lunghezza della domanda

Più le frasi sono formulate in modo breve, più sono facili da capire. Questo vale anche per le domande. D'altra parte, una domanda più lunga lascia più spazio alla narrazione e ai dettagli, che possono essere importanti. Allo stesso tempo, c'è il 'pericolo' di allontanarsi dall'argomento vero e proprio. In questo caso è necessaria la sua intuizione. Pensi a quale sia la sua intenzione con la domanda e poi scelga la formulazione appropriata.

Evitare un "agguato di domande".

Le domande poste una dopo l'altra senza pause esercitano una pressione. L'intervistato non ha quasi tempo per pensare e rispondere alle domande, quindi perde rapidamente la motivazione.

Mostra interesse

Non si tiri indietro di fronte alle domande, ma esprima il suo interesse genuino, ad esempio usando frasi come

"Sono curioso...", "Vorrei sapere...", o "Sono interessato...". Questo dimostra la sua partecipazione attiva alla conversazione e allo stesso tempo toglie pressione all'altra persona.

Fare delle pause

Le pause, che dovrebbe inserire tra le domande, aiutano anche ad alleggerire la pressione. Altrimenti, l'intervistato si sentirà sotto pressione e finirà letteralmente l'aria per rispondere.

Ascoltare attivamente

Ascoltare e fare domande sono due cose che vanno di pari passo. Tuttavia, non tutti gli ascolti sono uguali. Quando si ascolta passivamente, si percepisce ciò che viene detto, ma non si fornisce alcun feedback e si può persino dare una risposta giudicante. Questo dovrebbe essere evitato a tutti i costi ed è possibile attraverso l'ascolto attivo. Ad esempio, può includere la risposta dell'intervistato nella sua dichiarazione e assicurarsi di averla compresa correttamente. Può anche incorporare la risposta data nella sua prossima affermazione o domanda. In questo modo, mette il suo intervistato al centro della conversazione e, allo stesso tempo, dimostra interesse e reattività onesti.

Eviti le domande provocatorie

Così facendo, indica la direzione in cui desidera ascoltare la risposta. Tuttavia, questo non funziona in una conversazione di questo tipo e mette a disagio l'intervistato. Tali domande contengono parole come "tuttavia", "approssimativamente", "probabilmente", ecc. Un esempio: "Lei è anche del parere che...". Poiché anche in questo caso le eccezioni confermano la regola, può utilizzare consapevolmente le domande suggestive nei momenti opportuni - in modo umoristico e positivo.

Infine, vorremmo fare riferimento ancora una volta alla consapevolezza del background teorico della comunicazione e del pensiero e dell'azione umana. I modelli dell'autopoiesi, del costruttivismo e della cibernetica di secondo ordine, nonché gli assiomi di Paul Watzlawick e i quattro lati della comunicazione secondo Schulz von Thun sono stati presentati all'inizio. Questa introduzione teorica non era e non è esaustiva, ma fornisce una visione di questo settore. Inoltre, fornisce una solida base per organizzare una conversazione in modo orientato agli obiettivi e per essere in grado di rispondere in modo appropriato alle risposte dell'altra persona.

I seguenti esempi pratici le mostreranno come affrontare le situazioni problematiche che potrebbero presentarsi.

Esempi dalla pratica per la pratica

Questo capitolo illustra quattro conversazioni in cui sono state utilizzate le domande sistemiche. Una breve descrizione di ciascuna situazione è seguita da un estratto della conversazione. Segue una lista di controllo che può utilizzare per prepararsi a conversazioni simili.

IL COLLOQUIO DI LAVORO

Quando è alla ricerca di un nuovo dipendente, di solito vuole scoprire quante più informazioni possibili sul candidato e sulle sue competenze.

In questo esempio, vorrebbe sapere durante il colloquio come il candidato, il signor V., valuta le sue competenze e se ha ambizioni di promozione. Pertanto, chiederà: "Immagini che questa azienda sia una squadra di calcio. Quale posizione sarebbe più adatta alle sue capacità e dove si vede tra 5 anni?". Il signor V. risponde: "Beh, se vengo accettato per questa posizione, mi vedo inizialmente nella posizione di giocatore centrale, a centrocampo o come attaccante. Da un lato, voglio avere una buona visione d'insieme della squadra e mi piace anche tenere d'occhio l'organizzazione e la cooperazione della squadra, dall'altro voglio ottenere buoni risultati, qui sotto forma di gol. Tra 5 anni, vorrei essere almeno il capitano della squadra. Voglio comunque essere vicino alla squadra e contribuire attivamente al suo successo. Posso anche immaginare di diventare allenatore della squadra e di assumere ancora più responsabilità. Mi piace il contatto con la dirigenza e la conseguente combinazione di teoria e pratica".

La domanda metaforica da lei posta consente al signor V. di descrivere le sue capacità e il suo desiderio di sviluppo in modo creativo. Questo le darà una visione diversa dei suoi pensieri.

Per saperne di più sulle esigenze e sui desideri del signor V in merito al suo possibile futuro posto di lavoro, le faccia la seguente domanda finale: "Se potesse creare la sua giornata lavorativa perfetta, come sarebbe?". La sua risposta è: "In una giornata lavorativa perfetta, arrivo in ufficio e incontro colleghi allegri. Alla mia scrivania mi aspettano vari compiti: preparo un preventivo per un nuovo cliente, poi tengo un incontro online con lui e concludo il contratto. Poi mi incontro con il mio team e discutiamo delle cose più importanti, riferiamo le novità e i successi e lavoriamo su un nuovo progetto a cui ognuno può contribuire con i propri punti di forza. Se ci fosse anche un ottimo pranzo, sarebbe fantastico!".

Cosa deduce da questa storia? Una buona atmosfera di lavoro, una varietà di compiti, un lavoro indipendente e autonomo, il successo e un'offerta alimentare attraente sono importanti per il signor V.. Questo dice qualcosa sulla sua etica lavorativa, da un lato, e qualcosa sui suoi desideri, dall'altro. Le risposte a questa **domanda miracolosa** offrono quindi al datore di lavoro molti punti di partenza possibili.

Qui sono state presentate due delle domande sistemiche e come può integrarle in un colloquio. Può dare libero sfogo alla sua creatività. Tuttavia, ci sono alcune cose che deve tenere a mente. Queste si trovano nella seguente lista di controllo:

- Per quale posizione si candida il candidato?
- Quali compiti devono essere svolti qui?
- Ci sono molti contatti con i clienti?
- Il candidato ha esperienza professionale?
- Quali competenze e caratteristiche possiede che sono rilevanti per la posizione?
- Come reagisce in situazioni stressanti o difficili?
- Di quali altre informazioni ha bisogno il richiedente?

Questo elenco può essere ampliato a seconda della posizione, ma fornisce già le domande di base che può porre durante il colloquio.

COMPETIZIONE IN CRESCITA

Un'azienda di abbigliamento inizia a preoccuparsi perché le aziende simili stanno diventando sempre più grandi e quindi rappresentano una seria concorrenza. Si tiene una riunione tra l'amministratore delegato, signora M., e il responsabile dell'intero reparto, signor F., per trovare le prime idee.

La signora M. chiede: "Su una scala da 1 a 10, come valuterebbe la crescita nostra e dei nostri concorrenti negli ultimi 5 anni? 1 significa che non c'è stata alcuna crescita, mentre 10 significa che la crescita è salita alle stelle".

Il Signor F. riflette: "Descriverei la nostra crescita come un 5. Rientra nelle aspettative, ma non più di tanto. La concorrenza è più simile a un 8. Hanno davvero molto successo in alcune aree".

"Ha detto una media di 5", riassume la signora M. "Quindi ci sono eccezioni che vanno su e giù?".

"Hm, sì", dice il signor F. "Le nostre vendite online sono aumentate di più. Le attività in loco, invece, ci stanno trascinando verso il basso. Pertanto, farei dell'espansione delle vendite online il progetto principale per il prossimo futuro e vedrei di ridurre gli altri".

"Perché vuole risolvere il problema in questo modo?", chiede la signora M.

Il signor F. risponde: "In primo luogo, perché non è ancora chiaro se e quando i clienti torneranno nei negozi e, in secondo luogo, perché i nostri concorrenti operano esclusivamente online e possono quindi offrire i loro capi a prezzi più interessanti. A mio parere, questa è anche l'opzione più sicura per il futuro".

Questa discussione rivela idee e possibilità iniziali che l'azienda può ora esaminare ulteriormente e implementare, se necessario. L'amministratore delegato, signora M., ha incorporato tre domande sistemiche. La prima domanda era una **domanda a scalare**. È stata utilizzata sia per l'auto-osservazione che per l'osservazione esterna. Ciò significa che le differenze tra la propria azienda e la concorrenza possono essere riconosciute direttamente. La seconda domanda si rivolge alla risposta del signor F. chiedendo le **eccezioni.** Queste mostrano quali aree hanno un bilancio positivo e quali negativo. Da questo si possono ricavare i cambiamenti corrispondenti. Con la terza domanda, una

domanda di giustificazione, vuole infine scoprire il significato e lo scopo della sua proposta. Di conseguenza, spiega i motivi della sua decisione.

In queste situazioni, è importante affrontare il problema prevalente. Dovrebbe quindi tenere a mente quanto segue durante tali conversazioni:

- Qual è il problema attuale?
- Quali aspetti o aree copre?
- Chi sono i migliori contatti qui?
- Ha senso parlare direttamente con l'intero team o con singole persone una dopo l'altra?
- In che misura il problema influisce sull'atmosfera del team?
- Possiamo risolvere il problema internamente o abbiamo bisogno di un supporto esterno?

PER I PROBLEMI CON I CLIENTI

L'azienda K. è un importante cliente dell'azienda S. Recentemente, l'azienda S. ha effettuato consegne in ritardo all'azienda K. L'azienda ha ora annunciato che cercherà un altro fornitore se le consegne continueranno a non arrivare nei tempi concordati. Il signor P., amministratore delegato dell'azienda S., incontra il signor D., il dipendente responsabile di questo problema.

Durante la conversazione, il signor P. gli chiede: "Cosa farebbe se il denaro non fosse un problema?". Il signor D. risponde: "Se avessimo un margine di manovra finanziario illimitato, assumerei più dipendenti. L'ordine di K. è aumentato negli ultimi mesi. Il tempo a nostra disposizione si è allungato solo in minima parte. Siamo riusciti a ottenere un'offerta molto interessante e pensavamo di poterla gestire. Ma se le cose continuano così, dovremo tornare a negoziare, cosa che probabilmente non piacerà all'azienda. Ma come ho detto, funzionerebbe con più dipendenti". Il signor P. riassume: "Ok, questo significa che abbiamo bisogno di più tempo o di più dipendenti. Ricordo che lei è riuscito a risolvere un problema simile qualche anno fa. Come l'ha affrontato?". Il signor D. risponde: "Ah sì, ha ragione. Non credo che l'azienda K. ci concederà altro tempo. Soprattutto non ora, quando devono comunque aspettare di più per la merce. E lei lo ha detto: abbiamo già avuto problemi di questo tipo in passato. Quindi assumerei più dipendenti, come ho fatto all'epoca. Tuttavia, non sono stati assunti a lungo termine.

Quindi forse dovremmo pensare a un'espansione fondamentale. Abbiamo lo spazio e l'esperienza per assumere altri clienti importanti. Quello che ci manca è la manodopera, sotto forma di dipendenti sufficienti".

La domanda ipotetica posta qui fornisce innanzitutto l'impulso a raccogliere idee senza che fattori limitanti come il denaro limitino i pensieri. Il signor P. pone poi una **domanda orientata alla soluzione, per** specificare ulteriormente queste idee e implementarle nel mondo reale. Da un lato, questo permette al signor D. di ricordare un problema che è già stato risolto con successo. Dall'altro, la domanda dirige la sua attenzione sulle possibili soluzioni e indica i primi approcci che ritiene utili per l'azienda.

I problemi con i clienti possono ripetersi. Per risolverli nel modo più efficiente e, soprattutto, sostenibile possibile, dovrebbe tenere a mente i seguenti aspetti quando lo fa o nelle discussioni con i colleghi:

- Ci sono stati problemi simili in passato?
- Qual era la procedura all'epoca?
- Cosa può trarre da questo per la situazione attuale?

- Quali risorse può attivare all'interno dell'azienda?

- Quali aree o persone dovrebbero essere coinvolte nelle discussioni?

- Qual è la causa del problema e come si può prevenire in futuro?

IN CASO DI INSODDISFAZIONE NEL TEAM

La direttrice del reparto, signora C., ha recentemente ricevuto molti feedback sul cattivo umore del team. Vuole andare a fondo della questione e quindi invita i dipendenti a incontri individuali. Vuole avere una panoramica delle diverse opinioni. Durante la discussione con il dipendente E., pone la seguente domanda: "Provi ad immaginare un osservatore che osserva ciò che accade in ufficio durante la giornata. Cosa vedrebbe e cosa direbbe al riguardo?".

Il signor E. risponde: "Vedrebbe che tutti si siedono alla loro scrivania e lavorano in silenzio. Non c'è praticamente alcun dialogo tra loro. Non c'è motivo di farlo, perché ognuno svolge i propri compiti e non c'è nulla su cui lavorare insieme. Non ho la sensazione che siamo una squadra. Vedrebbe anche che non ridiamo quasi mai o parliamo di cose private. Non abbiamo tempo per questo, perché c'è molto da fare. Credo che l'umore abbia quasi toccato il fondo".

La signora C. gli dà il seguente feedback: "La ringrazio molto per la sua apertura! Ci sono sicuramente molte cose su cui posso lavorare per migliorare l'umore nel team. Cosa dovrebbe accadere perché l'umore raggiunga lo zero?". Il signor E. risponde: "Oh, sì, penso che dovrebbe continuare come prima, cioè che semplicemente non succede nulla all'interno del team che lo renda un team, come ad esempio lavorare insieme su compiti o progetti o che a volte svolgiamo attività al di fuori del lavoro".

Questa risposta alla domanda **paradossale** del capo reparto stimola la creatività del dipendente e, allo stesso tempo, esprime i suoi desideri, che il capo reparto può interpretare contemporaneamente come suggerimenti per il miglioramento . Con la **domanda circolare** posta all'inizio, il signor E. si colloca nella metaprospettiva dell'osservazione. Descrive come percepisce la giornata in ufficio e le dinamiche all'interno del team. Questo fornisce alla signora C. molte idee su come influenzare positivamente l'umore. Ad esempio, può avviare dei progetti su cui i suoi dipendenti possono lavorare insieme, oppure proporre delle giornate di gruppo che lascia a loro la responsabilità di organizzare. Pianificare e trascorrere del tempo insieme al di fuori del lavoro può aiutare i dipendenti a crescere insieme come team e ad apprezzare di più il fatto di venire al lavoro.

In caso di conflitti o di insoddisfazione generale all'interno del team, dovrebbe tenere a mente i seguenti aspetti durante le discussioni:

- Di che tipo di conflitto si tratta?
- Tra quali persone esiste?
- Sono utili i colloqui individuali, quelli di gruppo o una combinazione di entrambi?
- Esiste un rapporto adeguato tra i partner del dialogo e lei, in modo che si confidino con lei?
- Come sono stati risolti conflitti simili in passato?

CONSIGLI GENERALI PER PREPARARSI A UN COLLOQUIO

Ora sa quali sono le domande, quali vantaggi offrono e come possono apparire nella pratica. Gli esempi precedenti hanno mostrato solo una possibile sezione di una conversazione. Tuttavia, l'implementazione indipendente può essere impegnativa, soprattutto all'inizio. Per questo motivo, i seguenti consigli le forniranno una guida da seguire per preparare e condurre un colloquio.

Il primo passo è definire con precisione il problema. Mostra perché il dialogo è importante. Il primo passo è restringere il problema. Può pensare a questo:

- Qual è il problema?
- Quali effetti ha?
- In che modo sono problematici?
- Chi è coinvolto nei problemi e dovrebbe quindi essere incluso nelle discussioni?
- Ci sono fattori che ovviamente ostacolano la soluzione del problema in questo momento?
- Se sì, perché e come si possono contrastare?

È quindi importante ottenere una panoramica della situazione generale. Il problema deve quindi essere contestualizzato. Ciò significa

- Quando è iniziato il problema?
- Si verifica in un contesto specifico?
- Ci sono momenti in cui non si verifica?
- Il problema rimarrà lo stesso o cambierà?
- Se cambia: a quali condizioni?

Le domande W descritte sopra la aiuteranno a restringere il problema. Ha senso parlare con le parti interessate solo se il problema è chiaramente definito. Altrimenti, è molto probabile che il problema sfugga di mano e non porti a un risultato costruttivo.

Le domande sistemiche vengono utilizzate solo dopo aver completato queste fasi. Scrivere alcuni punti chiave può essere utile per la discussione. Ad esempio, annoti i punti che devono assolutamente essere discussi. Può anche prendere nota delle domande che vorrebbe porre in ogni caso. Qui può valutare quale tipo di domande vuole utilizzare per ottenere il massimo risultato possibile. Conosce già i vantaggi delle diverse domande.

Le domande sistemiche non sono una panacea. Piuttosto, sono un modo per far emergere altre idee interessanti e soprattutto insolite. Spesso danno luogo a suggerimenti che possono essere considerati in modo più dettagliato in seguito.

Oltre agli aspetti che dovrebbe implementare, ce ne sono anche alcuni che dovrebbero essere evitati. Per esempio:

- Fare troppe domande contemporaneamente e sopraffare l'altra persona,
- hanno un tono minaccioso o sarcastico che indirizza già la risposta in una direzione,
- non dando all'altra persona il tempo di rispondere,
- Porre delle domande guida o addirittura
- non mostrano alcuna empatia o interesse genuino per le risposte.

Un'ultima parola

Gli esempi mostrano chiaramente che le domande sistemiche possono essere molto efficaci. Offrono molte opportunità di adottare una prospettiva diversa e di vedere i problemi da questa prospettiva. Affinché siano efficaci, tutti i partecipanti al dialogo devono essere **disposti a liberarsi** da schemi di pensiero e di azione precedenti e forse radicati. Ne derivano approcci creativi e talvolta sorprendenti. A tal fine, è importante disporre di **tempo** sufficiente, nonché della libertà e della sicurezza di rivolgersi a lei con le sue idee e i suoi desideri senza esitazioni. Ciò richiede un'adeguata base **di fiducia**.

Certamente, l'applicazione delle domande richiede la pratica e la conoscenza di quale tipo di domanda è meglio utilizzare. Gli esempi appena illustrati, così come le singole domande presentate, forniscono informazioni in merito. Per darle una visione d'insieme, qui sono riassunti i consigli più importanti che dovrebbe tenere a mente quando conduce una conversazione.

- Essere consapevoli del background teorico del pensiero e del comportamento umano, nonché delle basi della comunicazione (capitoli 2.1 e 2.2).

- Sia sensibile alla scelta delle domande e ai tempi del colloquio. Questo richiede pratica e pazienza.

- Pertanto, dia tempo a se stesso e al suo interlocutore.

- Un uso sostenibile delle domande sistemiche richiede anche empatia e ascolto attivo.

- Questo va di pari passo con l'attenzione ai segnali non verbali.

- Può essere utile annunciare le domande sistemiche, ad esempio nel caso di domande paradossali.

- Utilizzi più domande aperte che chiuse per raccogliere informazioni.
- Prenda nota dell'effetto delle risposte scritte alle domande. Le utilizzi per la preparazione e/o il follow-up.

In conclusione, resta da dire: faccia più domande in generale e mantenga la comunicazione all'interno del suo team. Questo le permetterà di riconoscere le difficoltà in una fase iniziale. Questo spesso significa che i problemi gravi non si sviluppano in primo luogo. E se si verificano: utilizzi le domande per il brainstorming, al fine di avere successo insieme.